Covadonga

Emiliano de la Huerga

Delallama

Texto: Emiliano de la Huerga
Fotografías: Juanjo Arrojo
Maquetación: Darrell Smith
Fotografías de solapas: Fernando Álvarez Menéndez
Edición revisada: julio 2023

San Pedro 1, 33347 Ribadesella (Asturias)
www.delallamaeditorial.com

ISBN: 978-84-946581-8-1
Depósito Legal: AS 03865-2019
Printed in Spain – Impreso en España

Covadonga y su entorno

El Santuario de Covadonga está situado en la zona oriental de Asturias, dentro del municipio de Cangas de Onís, sobre un estrecho y empinado valle circundado de excelsas montañas. Su altura máxima sobre el nivel del mar es de 263 metros; y dista aproximadamente 15 kilómetros en línea recta tanto de la ribera del mar Cantábrico como de la parte oriental de los Picos de Europa.

Tiene su paisaje una mágica armonía de jugosos prados de un verde mimoso; agujas de caliza, como torres góticas; zonas de arbolado de un claro esmeralda; torrentes impetuosos de épica bravura y ríos verticales de eternas cantilenas.

El alma se extasía con la orquesta polifónica de pájaros cantores; con los árboles que nacen y crecen vigorosos en la roca viva; con las fuentes míticas en las que no se cree, pero se espera la llegada del amor; con las noches misteriosas de luna

La imagen de la basílica aparece por sorpresa en la espesura del bosque.

que anima los árboles y las rocas; con el diáfano otoño y su sinfonía de colores en la ancha pluralidad de su arbolado; con las tormentas de ecos interminables y resplandor perenne; con la niebla que llega de rodillas por el fondo del valle y dice su poesía desde el pórtico por no empañar el rostro de la celeste Reina. La mole grandiosa del Ginés-Priena; la majestad imponente del sacro Auseva; las gigantes montañas de la excelsa sierra..., todo sobrecoge el ánimo con impresión profunda y placentera.

«A 10 kilómetros de Cangas de Onís –dice José Ramón Lueje– y en una acampada del apretado valle del Reinazo, se presenta la Majestuosa magnificencia de Covadonga (240 m) que es la más alta afirmación del paisaje, de la historia y de la fe...».

El célebre naturalista y dibujante alemán Roberto Frassinelli decía que, tanto de noche como de día, Covadonga era lo más fantástico que puede soñar la imaginación del hombre.

Luis Menéndez Pidal y otros ilustres amantes del arte tuvieron el propósito de solicitar que fuera declarado monumento nacional todo el panorama que se divisa desde el Santuario. Tan bello aspecto ofrece que es necesario tratarlo y conservarlo con el mayor esmero. Por su pureza virginal velan ahora el Patronato del Real Sitio y el Parque Nacional.

No es fácil escribir sobre Covadonga sin apasionado lirismo y exaltación enfática. Trato, por lo mismo, de protegerme con ajenos testimonios.

Guillermo Muñoz Goyanes, en su magnífica obra *Parque Nacional de la Montaña de Covadonga,* dice del Real Sitio: «Este templo inmortal, en el que, con las puras e impetuosas aguas del río Auseva, fue bautizada una gran nación forjadora de pueblos, se ofrece para todo visitante, dotado de un mínimo de sensibilidad, como incomparable lugar para el éxtasis y la meditación».

Concha Espina, en el prólogo a un cuaderno de poemas del autor, afirma: «Covadonga, 'Altar Mayor' de España, trono roquero de la «Santina» en las montañas de Auseva, con las aguas lustrales de la independencia española, en la roca viva de nuestro corazón nacional...».

El marqués de Santa María del Villar dice: «La Santa Cueva de Covadonga, que fuera un tiempo cuartel general de Pelayo y de sus bravos astures, se abre en el centro de una enorme roca, enclavada en la extremidad de un angosto valle limitado por tres cerros. Como el ojo de un cíclope petrificado fija su mirada en la inmensa mole de Priena, entre los picos del Auseva y los eternamente nevados de Peña Santa. En su derredor el paisaje es un alarde prodigioso de la naturaleza». Y Juan Antonio Cabezas: «Covadonga es poesía, es leyenda, es devoción patriótica y religiosa..., es un sueño de piedra y cielo. Todo allí es un milagro de Dios».

Cascadas y torrentes

Con su bronca voz y majestuoso empaque los torrentes son en el Santuario como un himno guerrero a la Virgen Capitana. Llegan a Covadonga por arterias subterráneas desde eminentes valles, muy distantes entre sí. Por una parte proceden de la vega de Orandi y de un modesto río que se nutre de fuentes, lluvias y deshielos. En Orandi las aguas no tienen salida natural y debieran formar un lago. Pero no es así. Unas gigantes fauces de piedra absorben el líquido elemento hacia el interior de la montaña y, tras largo y misterioso recorrido, salen de nuevo a la superficie sobre el pétreo retablo de la Santa Cueva. Las diversas formas que tienen de manifestarse al exterior dependen del caudal del río que discurre por la altiplanicie. Por mínimo que sea, siempre está presente en la *fuente del matrimonio* y en un pequeño torrente que sale de una covacha al lado opuesto. Si el río crece en la altura, produce nuevas cascadas en la roca vertical de la Santa Cueva: primero una en forma de abanico junto a la citada fuente; otra después en forma de cola a 8 m de altura; y por último la cascada central *el chorrón* –que puede ser gigante– a 20 m de altura sobre el nivel del estanque. Esto constituye un espectáculo sin par. Las aguas de Orandi –mayor o menor– pasan por debajo del trono de la Virgen, caen a un estanque y del mismo se vierten por un colector subterráneo a un profundo abismo formando la cascada denominada *cola de caballo*. El espectáculo que ofrece es estupendo, bien que provocado con artificio.

Por otra parte, las aguas que vierte el lago Enol bajan por la superficie hasta la cuenca de Comeya. Y aquí sucede lo mismo que en Orandi: un cerco de montañas impide naturalmente el paso del agua. De Comeya emigra el agua al interior absorbida por una sima o *soplao* y, después de un recorrido subterráneo de siete kilómetros –en línea recta–, sale de nuevo a la superficie impetuosamente por una cueva que dista un kilómetro del centro del Santuario. En carrera alocada, rugiente y espumoso, llega a fundir sus aguas con las de Orandi y el crecido caudal se precipita estrepitosamente hacia el fondo del valle. Junto al antiguo Mesón forma un enorme torrente; y más abajo otro, que es el más bello y gigante de todos.

El río que proviene de Comeya tiene en Covadonga el nombre de Reinazo, evidente corrupción de *renato* o *renazco*, la fusión de ambos ríos ha tenido diversos nombres: Deva, Reinazo, Orandi y ahora el de Covadonga.

Arriba, la Santa Cueva y su cascada.
Abajo, la conocida *cola de caballo*.

Lo mítico y lo místico de las fuentes

Entre las fuentes del Santuario hay dos muy singulares que hablan del amor: el humano y el divino. Una está situada en el lateral del rectángulo que forma el estanque donde vierten sus aguas las cascadas, junto a la roca de la Santa Cueva. Nace de la misma roca, a dos metros del suelo, y en abundante chorro. Don Luis Menéndez Pidal incluyó este chorro en el centro de una imitación rústica y graciosa de la Cruz de la Victoria y le dispuso un pilón exagonal de piedra, en forma de copa, del cual proceden lateralmente siete pequeños chorros que proporcionan, a cómoda altura, los buchitos anhelados y esperanzadores. Falta por decir que lleva el nombre de *fuente del matrimonio* porque una copla antigua del folclore asturiano dice:

La Virgen de Covadonga
tiene una fuente muy clara;
la niña que de ella bebe
dentro del año se casa.

Otra está situada en la plaza contigua a la conjunción de la antigua Colegiata y la Casa de Ejercicios, y es monumental. L. Menéndez Pidal la compuso de dos cuerpos: un basamento robusto y majestuoso, de nueva factura, y un antiguo canapé de la época de Carlos III, que anteriormente estaba incrustado en un muro de la escalera próxima. A este canapé llamaban los antiguos *el tiruliru*, o porque allí se colocaba el gaitero para tocar los días de fiesta; o porque la leyenda que ofrece es de difícil lectura y se interrumpían del intento exclamando, como es costumbre: «Tiruliru, tiruliru»; o por una corrupción de la expresión latina *Caroli tertii.*

También esta fuente –sin matrícula de casamentera– sufría el error de la apasionada juventud femenina. El agua sale por la boca pétrea de un león y, pasando por dos grandes conchas, cae a un estanque semicircular. El león y la piedra son símbolos de Cristo, y el agua, de la Gracia santificante; las dos conchas representan las manos de la Virgen –medianera de las gracias– y el semicírculo es que... aún quedan muchas ovejas *que no son de este redil.*

Río Covadonga, en los alrededores del Santuario.

Aquí la fuente *vierte su monotonía* en el silencio que impone la meditación para oír a Dios y examinar la conciencia.

En ella todavía puede leerse la siguiente leyenda:

> REINdo LA MAGd DE CARLOS III Y SIENDO ABAB DE ESTA COLGta Dn NICOLAS ANTo CAMPOMANES Y SIERRA SE FABRICARn LAS ESCALERAS DE ESTA IGLa EL PAREDn Q LAS SOSTIne LOS PUENTs DEL MOLINO Y BAJO DEL SANTUARo Y LA CALZADA DESDE LA RIERA A ESTE SITIO. AÑO 1777.

La fuente del matrimonio.

Covadonga y su historia

Hemos examinado el cuerpo hermoso de Covadonga en sus paisajes y en los elementos de la naturaleza en que se halla o hacen referencia al mismo. Pero Covadonga tiene también un alma y es necesario penetrar en el santuario de su espíritu para tener un adecuado conocimiento de su significado, de su historia, de su vida y de su proyección y trascendencia. Covadonga es naturaleza más religión e historia.

Parece lógico que comencemos por conocer el significado de la misma palabra Covadonga, sobre el que se han dado varias versiones, bien que sin base sólida de garantía en su mayor parte.

COVADONGA significa etimológicamente Cueva de la Señora. Procede este vocablo de la palabra latina *Cova dominica*, compuesta por un nombre sustantivo (*cova*) y un adjetivo (*dominica*) que lo determina. Esta expresión ha pasado del latín, la lengua madre, al romance por diversas fases o transformaciones: covadomínica - covadóminca - covadomnca - covadonca - COVADONGA. La evolución morfológica se ha realizado por normas fijas y constantes; por las mismas por las que se ha llegado de Astúrica a Astorga, de domínicus a domingo, de famélicus a jamelgo,...

«La palabra COVADONGA *–afirma Ramón Pérez de Ayala–* pertenece al momento de la 'fabla' en que el castellano comienza a vivir, aún dentro de la matriz latina. La palabra Covadonga está, por tanto, adscrita al nacimiento de la nacionalidad hispánica».

En la Crónica del Rey Alfonso III el Magno, cuyo reinado se sitúa entre los años 866 y 910, se afirma, según la versión de don Ramón Menéndez Pidal «... subiendo a un ribazo frente a la Cueva Sagrada (Cova dómnica, Covadonga) habló... *Y a continuación:* Pero Dios hizo que las piedras lanzadas por las catapultas, al llegar al altar de la Santa Virgen María, retrocedían y mataban a los sarracenos». En estas expresiones del rey historiador no solamente encontramos una pista orientadora, sino también un claro sentido etimológico e histórico de la palabra Covadonga: CUEVA DE LA SEÑORA.

Lo que no puede aceptarse, por carente de sentido, es que Covadonga proceda de *Cova longa* –como algunos dicen y escriben–. Ni existe vía alguna morfológica o semántica para llegar de tal denominación a la actual Covadonga, ni la tal cueva es *longa* sino *superna.* No es horizontal, sino vertical: desde la superficie hasta la cresta de Orandi o viceversa, con un desnivel de más de trescientos metros; por lo que podemos admirar el bellísimo espectáculo de las cascadas. Tampoco es lícito confundir la Cueva de la Señora con el túnel, construido a principios de siglo, que da acceso a la misma.

Aunque este trabajo quiere estar lejos del aparato científico que da origen a polémicas, no obstante, hemos de indicar que el nombre Covadonga –de antigüedad no definida aún en su forma latina– no puede referirse a otra *señora* sino a la Virgen María. La denominación *dominus* o *domina* no se encuentra en la literatura que hace referencia a la mitología. Pudo suceder que, antes que existiera el culto cristiano en la Santa Cueva, hubiera habido culto a alguna divinidad del paganismo céltico o romano. Parece esto un poco extraño, aunque algo sugiera la apelación del río Diva o Deva que discurre por el interior de la Santa Cueva.

En el capítulo sobre los orígenes del culto en Covadonga, se encontrarán nuevas luces sobre este tema. Por ahora bastará añadir al testimonio del rey cronista el de otras crónicas y versiones históricas como las de Yepes, Carvallo, Flórez o Risco, que hacen referencia a la Virgen en la Santa Cueva desde el comienzo de la Reconquista. Por eso Covadonga –desde el siglo VIII a nuestros días– puede definirse como el templo de la gratitud de España a la Santísima Virgen, a cuya intercesión se ha atribuido siempre la victoria de las armas cristianas contra la media luna del Islam, en el comienzo de la Reconquista. Y esto es, en síntesis, que Covadonga, además de un cuerpo hermoso, tiene también un alma grande.

La ruta de la Reconquista

Se ligan a Covadonga –algo más que extrínsecamente, como marco circundante– otros lugares de extraordinario interés a los que es preciso hacer referencia. No en vano se ha hablado de la Ruta de la Reconquista. Desde el concejo de Piloña –Infiesto– donde el caballo de don Pelayo *pie halla* (Pialla), pasando por Cangas de Onís la «MAXIMA SEDIUM-MINIMA URBIUM» –primera corte de España–, hasta Cosgaya, donde pereció el resto del ejército musulmán, Potes y la región de Liébana, en Santander, que ofrecen testimonios fidedignos de operaciones en guerrillas del comienzo de la Reconquista, todo tiene un denominador común en la común empresa guerrera y de epopeya.

Arriba, Capilla de la Santa Cruz (Cangas de Onís).
Abajo, el llamado «puente romano» de Cangas de Onís.

El llamado «puente romano» de Cangas de Onís.

Cangas de Onís ocupa la primacía de todos estos lugares como primera capital de España y corte de los reyes don Pelayo, Favila, Alonso I y Fruela I. Está situada en un ancho y fecundo valle, que hace más milagroso el milagro de Reconquista en Asturias. Entre los recuerdos históricos que atesora esta ciudad -título que le otorgó Alfonso XIII- está el *Puente Romano* (realmente es medieval), de arcos apuntados, muy elevados sobre el cauce del río, particularmente el central, que es *sublime* en expresión de Jovellanos, de forma que es fácil ver bajo el mismo, desde el moderno puente de la contigua carretera, un extenso y fantástico paisaje. Es digna de mención la Capilla de la Santa Cruz, erigida por el rey Favila en honor de la Cruz victoriosa que enarbolara don Pelayo en la Batalla de Covadonga. Esta capilla llegó hasta nosotros muy reformada y pobre; fue destruida en 1936 y reedificada con bella traza románica por Luis Menéndez Pidal y Antonio Capitel. En el solar de esta capilla existió un dolmen -que aún se conserva- con pinturas muy originales; después un templo romano y pagano; a continuación un templo cristiano, erigido por los soldados de la IV Legión Macedónica -en opinión de Celso Diego Somoano- y por último el aludido del rey Favila.

En San Pedro de Villanueva, muy cerca de Cangas de Onís, un monasterio benedictino, joya románica del más puro estilo. Muy cerca del Santuario, el antiguo *templo de Abamia*, al que hace referencia Alfonso III, donde estuvieron enterrados Pelayo y su esposa Gaudiosa hasta que el rey Alfonso X trasladó sus restos a Covadonga.

Y como complemento de esta ruta, Arriondas, antesala del Real Sitio; y, bajando por el Sella -la ruta de la célebre competición internacional de piraguas- la preciosa villa de Ribadesella, que se refleja con coquetería en su encantadora ría y se arrulla con las olas del mar.

Cara y cruz de don Pelayo

Los grandes personajes y los acontecimientos importantes de la historia antigua han sido a veces agigantados por el entusiasmo desmedido de los ingenuos y el estro apasionado de los poetas. Tradiciones, leyendas, romances y crónicas se mezclan confusamente y contribuyen a la incertidumbre en delimitar lo auténtico de lo ficticio en perjuicio de la historia fiel.

Se dice que Pelayo vio en el cielo una cruz nimbada de luz con la leyenda: *Hoc signo vincitur inimicus* (se vence al enemigo con el signo de la cruz). Se dice también que Pelayo llegó a la Cueva del Auseva persiguiendo a un malhechor y que un ermitaño, que cuidaba con veneración una imagen rústica de la Virgen, le dijo que los refugiados en sagrado eran inmunes y que sería mejor que invocara la protección divina por la Virgen Santísima para lograr el triunfo de las armas cristianas.

Arriba, Monasterio de San Pedro de Villanueva.
Abajo, estatua de don Pelayo al pie de la basílica.
Página derecha, Cangas de Onís: Monumento a don Pelayo, primer rey de España.

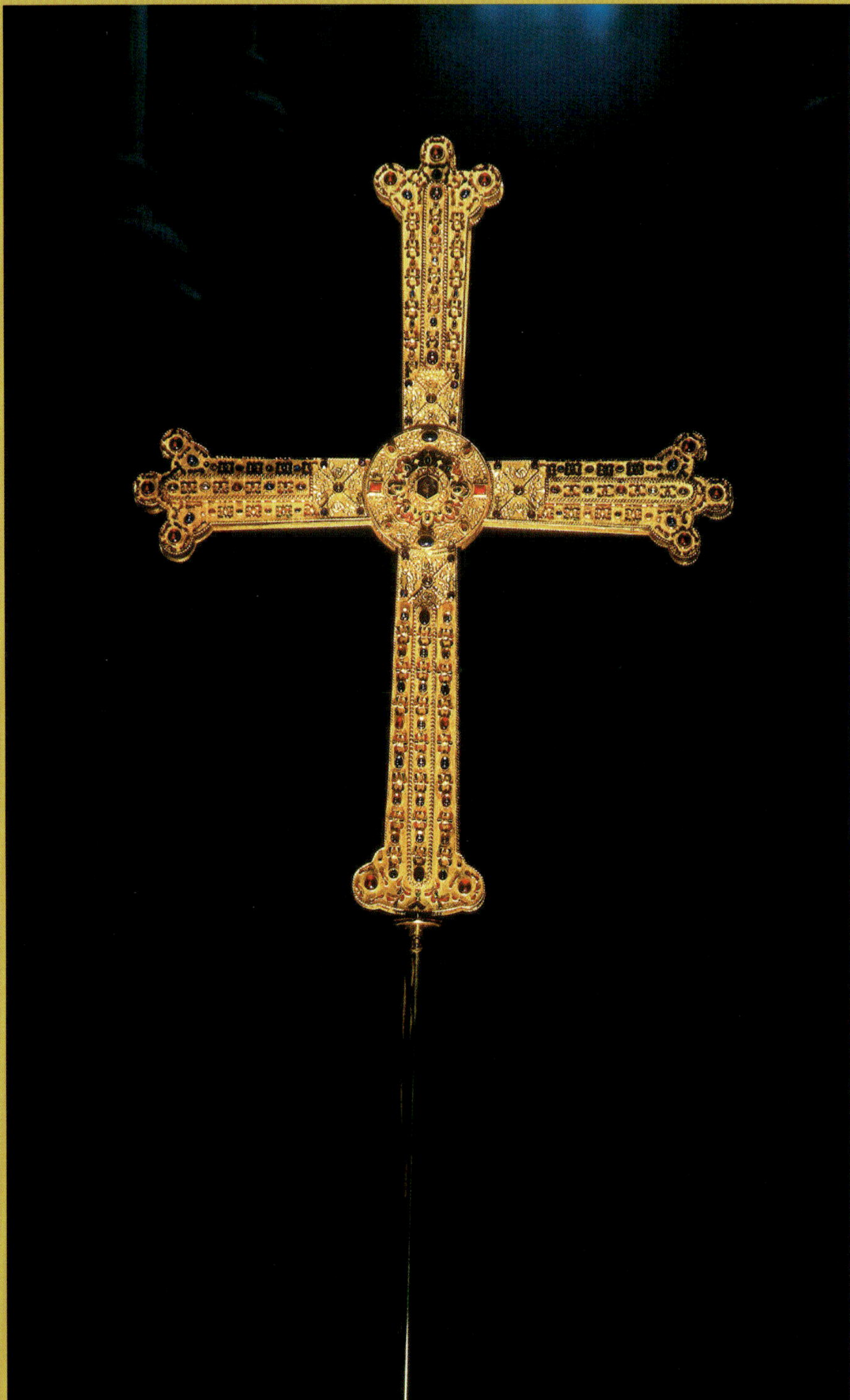

Lo que no ofrece duda es que Pelayo se construyó una cruz de roble, que le sirvió de lábaro en la batalla, y se hizo célebre en los anales de la patria, primero en un templo que le dedicó el rey Favila en Cangas de Onís, después en el estuche que mandó fabricarle Alfonso III en el castillo de Gozón: obra de arte tan singular que de ella dice Ambrosio de Morales en el siglo XVI: *es la más bella cruz que se guarda en las iglesias de España*, y aún ahora se considera como una de las más valiosas joyas de la Alta Edad Media europea. Esta Cruz siguió enarbolada en los campos de batalla y los Monarcas de España le rindieron homenajes de veneración. Y esto es lo grande y asombroso. Esto es el gran milagro de Covadonga: que una tosca representación del signo de nuestra redención haya enardecido a los valientes cristianos iniciadores de la Reconquista.

Luces y sombras, cara y cruz, historia y leyenda... no es fácil hacer un retrato auténtico de Pelayo. Sin embargo, no todo puede rechazarse *a priori* porque no aparezcan testimonios fehacientes en fuentes de primera mano. La historia de los siglos antiguos se escribe también con tradiciones, muchas de las cuales, por fieles y constantes, ofrecen más garantía que algunas de las crónicas coetáneas por el signo evidente que en ellas aparece de apasionamiento o coacción.

Cara y cruz: un lado y otro del retrato de Pelayo. Pero cara, rostro, imagen fiel lo da esta cruz del gigante Caudillo creador de nuestra Patria en una Cruzada de epopeya iniciada en Covadonga.

El caudillo de la Reconquista

A pesar de las discrepancias y a veces contradicciones que se observan en las primitivas crónicas, los modernos historiadores coinciden muy generalmente en los principales detalles sobre la histórica figura de don Pelayo.

Ignoramos el lugar y fecha de su nacimiento, pero sabemos que era hijo del duque Fáfila. El lugar pudo haber sido Toledo, capital del reino visigodo, ya que Pelayo era de sangre real; o Tuy, capital de Galicia, en cuya demarcación se encontraba Asturias de acuerdo con la división provincial romana, ya que Egica había asociado a la gobernación a su hijo Vitiza –según costumbres de reyes godos– y el duque tenía un cargo importante en la corte de este príncipe. No sabemos por qué motivo Vitiza se enemistó con el duque y le dio muerte a golpe de clava en las orillas del río Órbigo, en León, según afirma Ignacio Bertrand en su estudio sobre la monarquía asturiana.

Cruz de la Victoria (año 908) venerada, en la catedral de Oviedo.

Este luctuoso suceso obligó a Pelayo a huir de la corte de Vitiza, donde tenía el cargo de espatario. Tal vez hizo entonces un viaje a Jerusalén, porque, según afirma el Padre Mariana, notable historiador del siglo XVI, existían todavía en el pueblo vizcaíno de Arratia en el siglo XV los bordones que había usado Pelayo en su peregrinación a Tierra Santa.

Muerto Vitiza, su hijo Akhila y sus partidarios no aceptaron la elección de don Rodrigo, por lo que la monarquía goda quedó dividida en dos bandos irreconciliables. Pelayo pasó entonces al lado del rey don Rodrigo -por ser éste enemigo de los asesinos de su padre- de quien fue también espatario. Al lado de don Rodrigo peleó don Pelayo en la batalla de Guadalete; y huyó a las montañas de Covadonga con un resto de las tropas vencidas. Su presencia en Asturias puede explicarse satisfactoriamente por diversos motivos. Según Lévi-Provençal, porque Pelayo fue erigido rey por sucesión normal y aquí estaba con pleno derecho; según Sánchez Albornoz, llegó por iniciativa propia y el ejército y el pueblo lo proclamaron rey después de la batalla de Covadonga. Ambos historiadores tienen la máxima autoridad en la historia de la España árabe y cristiana, respectivamente, del siglo VIII.

El caso es que, por derecho o por propia voluntad, don Pelayo estuvo en Covadonga desde el año 718 al 722, período de la Batalla.

La batalla de Covadonga (I)

Gobernaba Muza el Mogreb, bajo la autoridad del Califa de Damasco; y el exarca don Julián sobre el territorio de Ceuta. Don Julián se había enemistado con el rey don Rodrigo por alguna injuria recibida; Akhila se le unió en la discordia y ambos pensaron en la venganza incitando a los árabes a la invasión de la Península Ibérica. Tal vez Akhila soñaba con la ayuda de los musulmanes para instalarse en el trono godo. Lo cierto es que la división de este reino estaba provocando su desolación.

Tantearon los árabes en algunas excursiones las costas ibéricas y comprobaron la debilidad de sus defensas. El buen resultado de estas excursiones les hizo abrigar esperanzas de más audaces empresas. Contaban con el paso franco por los dominios del conde don Julián, con la insignificancia de los inermes hispanos, con la debilidad de un reino dividido. Ocurría esto en el año 711.

Fue fácil a los árabes establecer una cabeza de puente en las costas del Sur con un ejército de unos 5.000 hombres que se fue aumentando en sucesivos desembarcos en previsión del temido choque con el ejército defensor. Aturdido don Rodrigo y sorprendido en otras empresas trató de improvisar un ejército para rechazar al invasor. El ejército reunido no fue tan pequeño, pero tuvo falta de cohesión, de coraje y de patriotismo. El choque de Guadalete favoreció a los árabes y don Rodrigo murió en la batalla. Todo fue en adelante para los árabes un paseo militar triunfante hasta el Cantábrico. La misma ciudad de Toledo se rindió sin lucha.

«Al pie de esta gigantesca fortaleza natural... pelearon astures y cántabros contra Roma, ya señora del mundo. En una de las entradas de tal fortaleza, en Covadonga, resistió Pelayo (722) a los muslimes que dominaban ya desde la India hasta el Atlántico. A su amparo nació por tanto España» (C. Sánchez Albornoz).

Estuvo don Pelayo en la batalla de Guadalete. Cuando toda resistencia resultaba inútil en las llanuras de Castilla pensó este Príncipe en la muralla de la región asturiana que los romanos cercaron y no pudieron conquistar. Y se dirigió a ese escenario llevando consigo restos del ejército vencido en Guadalete. Recorrió después la región asturiana buscando adeptos a su causa entre los indígenas. Muchos nativos se le unieron valientemente como guerreros y conocedores de una región de bosques intrincados y altas montañas.

No quedó muy mermado tras la batalla de Guadalete el ejército musulmán, que no era tan pequeño como dicen las crónicas árabes, ni fueron tantos los muertos en el ejército hispano. Harán lo mismo los cronistas cristianos cuando describan la batalla de Covadonga: disminuirán el número de combatientes propios y aumentarán los del enemigo para dar más categoría a los valores de casa. Atendamos a la sustancia del hecho y sepamos interpretar las cifras con discreción.

La batalla de Covadonga (II)

Parece ser que Pelayo llegó a Asturias con mucha cautela. Tuvo corteses relaciones con Munuza, Gobernador de Gijón o Jefe de las guarniciones islámicas. Sea porque este Gobernador se enamoró, según dicen, de la hermana de Pelayo y éste no accediera a su matrimonio, o simplemente porque su presencia se hiciera sospechosa sobre este territorio, es lo cierto que por este tiempo aparece como rehén en Córdoba, vigilado muy atentamente. Pero logró evadirse y huyó de nuevo a las montañas de Asturias.

Suponiendo que ya no puede disimular sus intenciones entre los árabes, una vez que ha alcanzado el monte Auseva y la Cueva de la Señora, reúne sobre este escenario a sus fieles y les da la voz de alerta. Hace sonar el clarín de guerra y dispone la resistencia. Manda preparar las armas: hondas, saetas, puñales, pequeñas lanzas que los naturales tenían para defenderse de las fieras y... piedras. El plan de combate es fácil de prever: los iberos resistieron dos siglos al tremendo poder de Roma con el tipo de guerra que hoy denominamos de guerrillas. Favorecía a los cristianos el formidable valladar de los montes, los bosques intrincados muy conocidos de los naturales y la Virgen de la Cueva desde el cielo.

Los árabes que intentaran destruir este foco de resistencia tendrían que pelear en el campo que escogieron los cristianos. Carentes éstos de armas eficaces y muy inferiores en número ofrecerían batalla, saliendo de los escondrijos, cuando

Retrato del rey Pelayo tras la batalla de Covadonga, de Madrazo.

las circunstancias les fueran favorables. Y así se hizo. Buscaban en la sorpresa la ventaja; y poco a poco fueron mermando los efectivos del ejército musulmán. El Caudillo don Pelayo desde la Santa Cueva, como cuartel general, preparaba estratagemas y emboscadas, cambiaba de continuo los emplazamientos, y distribuía los alimentos que, muchas veces, se reducían a la miel silvestre y a la caza de alimañas.

Los cristianos eran dueños de las alturas y desde ellas descendían en tremendo alud para derrotar algún pequeño número de enemigos y dificultar la intendencia de los muslimes. Ni la orografía ni los pequeños recursos de los cristianos permitían otro género de combate. Día tras día y año tras año (718-722) el ejército sarraceno se desangraba, perdía efectivos, perdía moral. Los cristianos, por el contrario, se crecían con las pequeñas y continuadas victorias y el optimismo hacía aumentar el número de guerreros bajo el estandarte de la cruz.

La batalla de Covadonga (III)

CRÓNICA CRISTIANA. Después de estos descalabros del ejército árabe es cuando, según creo, tendría más oportunidad el diálogo entre el Obispo don Oppas y Pelayo. Es muy interesante cómo lo narra el rey cronista Alfonso III el Magno:

«Pelayo estaba en el monte Auseva con sus gentes, y el ejército llegó a él y clavó sus tiendas innumerables ante la entrada de la Cueva. El Obispo Oppas, subiendo a un ribaza, frente a la Cueva Sagrada (*cova dómnica*, Covadonga), habló: *Pelayo, Pelayo, ¿dónde estás?* El cual, respondiendo desde una abertura de la peña, dijo: *Heme aquí.* Y el obispo prosigue: *Creo no se te oculta cómo todo el ejército de los godos reunido no puede resistir el empuje de los sarracenos; pues, ¿cómo podrás tu resistir en este monte...; oye mi consejo, desiste de tu empeño y disfrutarás muchos bienes al lado de los moros.* Pelayo replicó: *¿No leíste en la Sagrada Escritura que la Iglesia del Señor es cual el grano de mostaza que tan pequeño como es, por la misericordia de Dios crece más que otra semilla?* El obispo responde: *En verdad, así está escrito.* Y Pelayo: *Nuestra esperanza está en Cristo; este pequeño monte será la salvación de España y de la gente de los godos; la misericordia de Cristo nos liberará de esa multitud de desprecio.* El obispo se vuelve al ejército: *Apresuraos a combatir: ya veis cómo me ha contestado*».

Alcamán ordena el combate; disparan las catapultas y las hondas, se blanden espadas, se asestan las lanzas, vuelan saetas. Pero Dios hizo que las piedras lanzadas por las catapultas, al llegar al altar de la Santa María Virgen, que está dentro de la Cueva, retrocedían y mataban a los sarracenos. Los de la Cueva salen a pelear y hacen huir a los moros. Oppas cae prisionero; Alcamán es muerto y con él ciento veinticuatro mil. Los sesenta y tres mil que escaparon por el pueblo de Amosa, bajan a La Liébana, y junto a la villa de Cosgaya, desprendiéndose un enorme argayo del monte, sepulta a los sesenta y tres mil en el río Deva. Aún hoy el río, en sus crecientes, descubre muchos restos de los muertos. Munuza salió huyendo de Gijón, pero en la villa de Olalies fue alcanzado y muerto por los suyos.

Digamos que los mismos cristianos devolvían las piedras y saetas que llegaban sin fuerza a la alta Cueva y resultaban inocentes; que el número de guerreros árabes está muy exagerado y que los cántabros dieron nueva batalla a los árabes, que se retiraban en derrota. El entusiasmo hasta el paroxismo de la victoria dio origen a muchas fantasías en las crónicas cristianas. Pero eso no ha hecho más que desfigurar la realidad del hecho.

La batalla de Covadonga (IV)

CRÓNICA ÁRABE. Tomamos por la más interesante y ejemplar la del Nafh al tib de AL-MAQQARI que inserta Sánchez Albornoz en su obra *La España Musulmana.* Dice así: «Cuentan algunos historiadores que el primero que reunió a los fugitivos cristianos de España, después de haberse apoderado de ella los árabes, fue un infiel llamado Pelayo, natural de Asturias, en Galicia, al cual tuvieron los árabes como rehén para seguridad de la gente de aquel país, y huyó de Córdoba en tiempo de Al-Hurr ben Abd Al-Rahman Al-Tzakafi, segundo de los emires árabes de España, en el año sexto después de la conquista, que fue el 98 de la héjira (716-717). Sublevó a los cristianos contra el lugarteniente de Al-Hurr, le ahuyentaron y se hicieron dueños del país, en el que permanecieron reinando, ascendiendo a veintidós el número de reyes suyos que hubo hasta la muerte de Abd Al Rahman III.

Dice Isa ben Ahmad Al-Razi que, en tiempos de Anbasa ben Suhaim Al-Qalbi, se levantó en tierra de Galicia un asno salvaje llamado Pelayo. Desde entonces empezaron los cristianos en el Al-Ándalus a defender contra los musulmanes las tierras que aún quedaban en su poder, lo que no habían esperado lograr. Los islamitas, luchando contra los politeistas y forzándoles a emigrar, se habían apoderado de su país hasta llegar a Ariyula, en tierra de los francos, y habían conquistado Pamplona en Galicia y no había quedado sino la roca donde se refugió el rey llamado Pelayo con trescientos hombres. Los soldados no cesaron de atacarle hasta que sus soldados murieron de hambre y no quedaron en su compañía sino treinta hombres y diez mujeres. Y no tenían que comer sino la miel que tomaban de la dejada por las abejas en las hendiduras de la roca. La situación de los musulmanes llegó a ser penosa y al cabo los despreciaron diciendo: Treinta asnos salvajes, ¿qué daño pueden hacernos? En el año 133 murió Pelayo y reinó su hijo Fafila. El reinado de Pelayo duró 19 años y el de su hijo 2. Después de ambos reinó Alfonso, hijo de Pedro, abuelo de los Beni Alfonso, que lograron prolongar su reino hasta hoy y se apoderaron de lo que los musulmanes les habían tomado».

Resulta muy fácil interpretar esta crónica, después de lo anotado anteriormente.

Trascendencia de la batalla

En su obra *España, un enigma histórico* escribe Claudio Sánchez Albornoz, apostillando una fotografía: «Macizo central de los Picos de Europa. Al pie de esta gigantesca fortaleza natural que se alza a pocos kilómetros del mar Cantábrico, pelearon astures y cántabros contra Roma, ya señora del mundo. En una de las entradas de tal fortaleza, en Covadonga, resistió Pelayo (722) a los muslimes que dominaban ya desde la India hasta el Atlántico. A su amparo nació por tanto España».

El gran maestro de historiadores don Ramón Menéndez Pidal escribió: «Asturias no sólo formó los reyes y los ejércitos iniciadores de la Reconquista, sino que supo historiar sus hechos, definiendo en ellos, con la mayor clarividencia y alcance, los ideales de la nación que se reconstituye. En las dos Crónicas ovetenses se dibuja el Águila astur posada sobre los peñascos del mar Cantábrico dispuesta a tener su garra sobre la inmensa tierra irredenta. Siempre esos peñascos reaparecen en la Historia como último refugio de existencia para ideales audaces, aún temerarios. En tiempos romanos la defensa del monte Vindio tenía que sucumbir, porque se oponía a la formación del Occidente latino; pero la conservación de ese mismo Occidente necesitaba la victoria del monte Auseva, para que España no se convirtiese en una Siria o un Egipto más, países definitivamente perdidos para la Cristiandad».

También el sabio historiador Fray Justo Pérez de Urbel dijo en el Santuario de Covadonga: «Esto es auténtico. Ciertamente aquí tuvo lugar además de las guerras de guerrillas, una última y definitiva batalla que dio origen a la retirada de los árabes y al comienzo de nuestra soberanía».

Por los testimonios de tan doctos historiadores es fácil confirmarse en la idea de que en Covadonga nació España y se salvó la religión cristiana, no sólo para nuestra Patria, sino también para el mundo Occidental. Después de la batalla de Covadonga quedó en poder de don Pelayo todo el territorio que hoy comprende Asturias; y pocos años después Alfonso I llevaba sus dominios hasta el Duero.

Obelisco erigido por los duques de Montpensier en el campo de Re-Pelao.

El paisaje de Covadonga fue el escenario de los hechos que marcaron la historia de Asturias y de España.

Campos de «la Jura» y del «Re-Pelao»

La teoría de Sánchez Albornoz: Pelayo fue proclamado rey después de su caudillaje y victoria en la batalla de Covadonga, está acorde con la tradición. También el arte lo ha entendido de este modo en un famoso lienzo de Joseph Rufo, titulado: *La proclamación de Pelayo Rey de Asturias*, que se conserva en la Real Academia de Bellas Artes de San Fernando; en el de Madrazo, situado a un lado del altar mayor de la Basílica de Covadonga y en otros cuadros en que aparece alzado sobre su pavés, al estilo de la época.

En dos lugares próximos a Covadonga se sitúa el escenario de este acontecimiento. Uno de ellos en la conjunción de ríos y carreteras de Soto de Cangas, a siete kilómetros del Santuario, lugar denominado *Campo de La Jura*. Celso Diego Somoano lo ha descrito en su libro *Cangas de Onís –Covadonga– Picos de Europa* de esta forma: «El campo, llamado también Can-villa y de las Varas, conserva a uno de los lados el vetusto torreón de Soto, vieja fortaleza que, aunque rebajado en tiempo de los Reyes Católicos, ostenta fortísimos muros con vestigios de la época medieval». En este campo se elegían, con procedimientos muy peculiares, las Justicias y Regidores de Cangas de Onís hasta el último tercio del pasado siglo.

El otro está situado dentro del recinto de Covadonga, a kilómetro y medio de la plaza de la Basílica. También es tradición que en este campo fue proclamado rey don Pelayo después de la famosa batalla. Un obelisco de piedra rosada –típica en el Santuario–, coronado con una cruz de la Victoria en bronce, ofrece en su basamento una leyenda que dice:

> EN ESTE CAMPO DEL RE-PELAO / DESPUES DE LA VICTORIA DE COVADONGA / ANUNCIADA POR LA APARICION DE LA SANTA CRUZ / FUE PROCLAMADO REY DON PELAYO // LOS SEÑORES YNFANTES DE ESPAÑA / DUQUES DE MONTPENSIER / EN SU VIAGE Á ASTURIAS Y VISITA Á COVADONGA / EL DIA 15 DE JUNIO DE 1857 / MANDARON ERIGIR Á SUS ESPENSAS ESTE OBELISCO / QUE SE INAUGURO... (Quedó la fecha sin grabar).

Aquí, en el campo del Re-Pelao, comienza el recinto de Covadonga y el Parque Nacional que lleva el mismo nombre. El arquitecto del Cabildo, don Javier García-Lomas, trasladó a este lugar las robustas columnas que anteriormente estaban situadas cerca de la Santa Cueva –para indicar lo reservado a Santuario– y dispuso una bonita y elegante plaza como pórtico digno del REAL SITIO DE COVADONGA.

Desde este lugar al centro del Santuario la carretera asciende zigzagueante para vencer más cómodamente el marcado desnivel.

Peregrinando a Covadonga

Desde el campo del Re-Pelao el paisaje se hace vertical y asombrosamente bello. Allá arriba –parece inaccesible– se yergue, estilizada, la Basílica. De noche y con luminotecnia, se proyecta sobre el cielo como un mágico castillo de fuego.

El camino de los antiguos romeros pasaba a la vera del Mesón. Este bello edificio, construido por el Abad Campomanes en el reinado de Carlos III, sirvió de único albergue de peregrinos hasta finales del pasado siglo. Después de diferentes versiones se convirtió en Hogar-Escolanía. El arquitecto don Javier García-Lomas y el pintor Paulino Vicente lo ennoblecieron con su arte, conservando su antigua fisonomía y adaptándolo a casa-habitación de 30 escolanos, directores y maestros. Este tipo de Escolanía fue fundada por el Arzobispo de Oviedo Javier Lauzurica y Torralba en el año 1951, con el auxilio del Abad de Covadonga Emiliano de la Huerga, que logró situar en el Santuario los primeros 30 niños cantores. La edad de estos niños oscilaba entre los 7 y 12 años. Hacían el ingreso por concurso-oposición anual o mediante un examen que manifestara en el aspirante, una positiva calidad de voz y aptitud para el canto. El Coro interviene en las principales funciones litúrgicas y en el culto mariano. A día de hoy ha dado numerosos conciertos y ha grabado cuatro discos. Tiene preferencia por la polifonía española de la edad de oro. En su escudo figura un lema: *Assumptam angeli laudant* –alaban a la Virgen los ángeles– que justifica su misión en el Santuario y el haber nacido en el año de la definición dogmática de la Santísima Virgen en cuerpo y alma a los cielos.

La pedagogía de los pequeños cantores durante varios años ha estado encomendada a la Institución Teresiana. Esta gloriosa Institución nació en Covadonga a principios de siglo, cuando su fundador, San Pedro Poveda, era canónigo de la misma Colegiata.

Muy cerca del antiguo Mesón hay una casa de líneas muy severas, donde vivió San Pedro Poveda y compuso las reales de la futura Institución. Una piedra en la fachada de la misma recuerda su nacimiento. Una comunidad de teresianas particularmente se dedican a la oración por las necesidades de la Iglesia y de la Institución, y a conservar el fuego sagrado del amor a la Santísima Virgen de Covadonga, bajo cuyo patrocinio nacieron y medraron.

El templo de la nacionalidad hispánica

Hemos llegado al corazón de Covadonga, a la Santa Cueva, al origen de nuestra historia y de la España cristiana. Su aspecto es de inefable belleza. A uno y otro lado del acceso, y como pórtico, dos bellísimas esculturas de leones yacentes, majestuosos y mansurrones, del célebre escultor italiano Pompeio Marchesi, discípulo de Canova. Estas obras de arte, talladas en mármol de Carrara y copias del panteón pontificio de Clemente XIII, fueron admiradas antes en un Museo de Venecia y a Covadonga llegaron por obra y gracia de Patrimonio Nacional desde un pazo de Betanzos. La plaza, de elegante porte, bien conjugados planos y zonas verdes, está ideada para seguir desde ella los cultos de la Santa Cueva. Por eso una gran farola y dos esbeltos y originales candelabros de hierro hacen de monitores de lugar sagrado. La orientó y compuso de esta traza el arquitecto don Javier García-Lomas siguiendo las líneas que trazara antaño Ventura Rodríguez cuando, después del incendio de la Santa Cueva en 1777, Carlos III le ordenara la construcción de un templo monumental en Covadonga a cargo de las limosnas que había obtenido de sus reinos para este fin. Los planos que se conservan de este proyecto revelan un templo muy hermoso, de estilo neoclásico, rematado en una gigantesca cúpula. Se apoyaba en la misma roca de la Santa Cueva –que hacía

Juan Pablo II en Covadonga.

de testero– y las cascadas vertían al interior del edificio. El Cabildo se opuso a la realización de tan bello proyecto y los fondos regios se destinaron a fuentes, muros y calzadas. Sentimos ciertamente que el Santuario no se enriqueciera con una obra de arte de tan genial arquitecto; pero la naturaleza de imponderable hermosura, que se ha conservado en toda su pureza, suple con creces el logro de un templo que encontró, andando el tiempo, si no autor, al menos emplazamiento más feliz. A la derecha, sobre el altísimo muro contiguo a la antigua Colegiata, una gigante cartela en voladizo de piedra ofrece esta leyenda:

> AQUI EN EL MONTE AUSEVA, MORADA INMEMORIAL DE LA VIRGEN, RENACIO LA ESPAÑA DE CRISTO CON LA GRAN VICTORIA DE PELAYO Y DE SUS FIELES SOBRE LOS ENEMIGOS DE LA CRUZ (AÑOS 718-722).

De frente, el estanque en su rústico perímetro, la roca vertical y escenario de torrentes, la Santa Cueva y el inmenso Orandi de tupido bosque.

El ambiente de esta plaza la describe así el italiano Domenico Mandrone en su biografía de San Pedro Poveda: «Dire Covadonga è far vibrare gli spagnuoli del più spontaneo e irrefrenabile orgoglio nazionale».

Con el peregrino Cardenal Roncalli. Papa Juan XXIII

Apoyada en el robusto basamento que Ventura Rodríguez había alzado para la construcción del malogrado templo, la *Escalera de las promesas* extiende sus 101 peldaños hasta el pavimento de la Santa Cueva. La escalera tiene siempre el calor de los devotos. Por favores recibidos o anhelados son muchos los que la suben de rodillas. Madres con el hijito en brazos, ancianos temblorosos, jóvenes con problemas académicos o sentimentales... Y suben rezando el Rosario, o besando el suelo, o con velas encendidas o los brazos en cruz... hacia el templo de la Madre que es consuelo y esperanza en este valle de lágrimas.

Arriba, altar de la Cueva Santa. Covadonga.

Abajo, acceso Monumental al Real Sitio, custodiado por sendos leones en mármol de Carrara.

En el amplio descanso y balconada de la antecueva y en una oquedad de la roca puede verse un medallón con la efigie del Papa Juan XXIII. Se trata de un homenaje de Asturias sufragado por la Diputación Provincial. La obra es del escultor Gerardo Zaragoza y constituye un magnífico retrato. El medallón está orlado con esta inscripción: «YO AMO A LA MADONNA DE COVADONGA COMO LA AMÁIS VOSOTROS LOS ASTURIANOS. TENGO SU IMAGEN EN MI DORMITORIO Y PARA ELLA ES MI PRIMERA ORACION DE LA MAÑANA».

Se ha colocado precisamente en el lugar donde estuvo el Cardenal Roncalli largo rato admirando la belleza del paisaje y pronunció la frase tan divulgada: *Covadonga es una sonrisa de la naturaleza.* Había llegado al Santuario –peregrino hacia Santiago de Compostela– en la tarde del 20 de julio del año compostelano 1954, y orado largamente ante la Santina. En la mañana del 21 celebró en la Santa Cueva con extraordinaria devoción. Las emociones que experimentó fueron tales que determinó no separarse jamás de este recuerdo. Monseñor Laboa le llevó a su palacio de Venecia la imagen –réplica de la Santina– que había encargado a las Misioneras diocesanas en Gijón. El Cardenal la colocó en lugar preferente del retablo de su capilla. Allí la vio Monseñor Martínez, Obispo de Zamora, cuando visitó al Cardenal, camino de Tierra Santa, y le oyó decir *Para que vea cuánto amo yo a España*. Constituido Papa, con el nombre de Juan XXIII, llevó esta imagen al Vaticano y la colocó en su dormitorio. Por las muchas expresiones de cariño que tuvo para Covadonga en Audiencias en que intervenían asturianos y por los 17 documentos marianos que publicó en preparación del Concilio Vaticano II, es evidente que el Papa encomendó a la Virgen, bajo la advocación de Covadonga, la reconquista espiritual del mundo que deseaba la Ecuménica Asamblea. Muerto el Papa, fue colocada en su capilla ardiente esta imagen, que los familiares del Pontífice guardan ahora como un tesoro.

Proclamación en Covadonga del príncipe de Asturias

Desde 1388 el heredero de la corona de Castilla y después de la de España lleva el título de príncipe de Asturias. El 1 de noviembre de 1977 Felipe de Borbón fue proclamado príncipe de Asturias en la explanada de Covadonga, aunque hacía dos años que lo era de forma oficial. Fue una ceremonia que no tenía precedentes, pero sí una fuerte carga simbólica para la dinastía y un homenaje del pueblo asturiano.

A la izquierda, proclamación del Príncipe de Asturias en 1977 en Covadonga.
A la derecha, Basílica de Covadonga desde la Santa Cueva.

Juan Pablo II en Covadonga

El 21 de agosto de 1989 Juan Pablo II, de visita a Asturias, llegó a Covadonga y se postró ante la imagen de la Santina. Allí, en la santa cueva, recitó una oración, compuesta por él mismo, dedicada a la Virgen. Le acompañaban el príncipe de Asturias, Felipe de Borbón, y el arzobispo de Oviedo, Gabino Díaz Merchán, además de 6.000 fieles que llenaban la explanada de la basílica, donde se celebró una multitudinaria eucaristía. En ella afirmó que Covadonga es "una de las primeras piedras de Europa, cuyas raíces cristianas ahondan en su historia y en su cultura".

El templo del milagro

Desde la misma balconada divisamos una cruz de forma latina, con los extremos trilobulados, como de un metro de alta y situada en una oquedad de la roca en lugar inaccesible. Allí la colocó, en 1893, el cangués Ignacio *el Quemau* deslizándose por una cuerda desde el monte. Muy cerca de la cruz se conservan en otro hueco de la peña unos panales semifosilizados, que recuerdan lo que las crónicas árabes y cristianas dicen de Pelayo y sus guerreros: que se alimentaban de miel silvestre. Los panales se han convertido en tópico y símbolo: en el monumento a Pelayo del escultor Gerardo Zaragoza situado en el Jardín de los Reyes contiguo a la Catedral de Oviedo aparece esculpido el panal de miel; y en la Capilla-Sagrario de la Santa Cueva se leen –en latín– y en grandes caracteres rojos estas palabras del salmo 80-17: *De flor de harina los alimentó y de miel silvestre los sació.* El pan, símbolo de la Eucaristía; y la miel, símbolo del amor de la Madre celestial.

Existen además en la roca ciertas hendiduras artificiales, ya patinadas por el tiempo, y son testigos de la antigua factura del *templo del milagro* así denominado desde antaño. A día de hoy contamos con la importante obra del alemán J. G. Rickel, *Historia speluncae B. Mariae de Covadonga...* publicada en Bruselas en 1635 y con la interesantísima y magnífica crónica de Ambrosio de Morales, a quien Felipe II envió al norte de España para que hiciera estudio detallado de los principales templos y obras de arte; de la del P. Medrano de 1765 y de un grabado del pintor A. Miranda de 1759. Por todos estos testimonios conocemos que la Santa Cueva estaba convertida en templo cerrado al exterior por un maderamen o entramado de madera de tejo, en voladizo tan atrevido que las gentes pensaban que sólo los ángeles podían haber hecho obra semejante (hay cuadros antiguos con ángeles portando maderos para la Santa Cueva). Medrano defiende este concepto de lo milagroso con apasionamiento enfático. Y Ambrosio de Morales dice: «Para hacer Iglesia en la misma Cueva, encajonaron en la peña vigas, cabando agugeros, las quales vuelan tanto sin ningún sosteniente que parece milagro no caerse con todo el edificio, y desto tiene temor quien mira de abajo.»

«Es el Pórtico la gruta del templo de nuestra historia»

Así dice el Himno de Covadonga.

Sobre el dintel de la puerta que comunica con la *escalera de las promesas* una leyenda en caracteres dorados dice: Aquí, al nombre de la Madre de Dios, de entre las rocas, sobre las cumbres surgió España. La puerta es de hierro forjado y está muy bien dispuesta y entonada sobre tres frentes.

El recinto de la antecueva es un bello pórtico, en parte natural y en parte bellamente ideado por el Arquitecto Conservador Luis Menéndez Pidal. Todo cuanto de arquitectura se ha realizado en la Santa Cueva, en el túnel de acceso y en la antigua Colegiata desde 1939 a nuestros días lleva el sello de Menéndez Pidal. Ha sido una verdadera fortuna que obras tan difíciles y arriesgadas hayan caído en manos de un artista enamorado de Covadonga; perfecto conocedor de todas las construcciones en el Real Sitio desde los tiempos más remotos; autor de la magistral obra *La Cueva de Covadonga,* que supone un gigante esfuerzo de investigación histórica, e íntimamente relacionado con las Reales Academias de la Historia y de Bellas Artes que le señalaron principios y líneas generales y le dejaron el margen de confianza al que se hacía acreedor.

La Santa Cueva: Templo del Milagro.

El techo de la antecueva es natural, a diferencia del resto del túnel. Solamente en un lateral hay un gracioso artificio de socalzado en piedra labrada. Sobre el solado de piedra y a la derecha de la entrada se colocó una bella pila de agua bendita en forma de copa. Lleva una leyenda original del M. I. Sr. don Martín Andreu Valdés, que diría en castellano: «Santa e inocente criatura del agua sacada de la roca para el pueblo sediento. En el nombre del Padre y del Hijo y del Espíritu Santo. Amén». En un ángulo, muy discretamente, está el limosnero de piedra y hierro forjado. La inscripción dice: *No sepa tu mano izquierda lo que hace la derecha cuando hagas limosnas* (Math. VI-3). Sobre el muro diestro de entrada a la Santa Cueva se quiso perpetuar en una lápida el recuerdo de la visita de la Reina Isabel II con motivo de la restauración del culto de este Santo Templo después de 81 años de soledad provocada por el incendio de 1777. Los príncipes recibieron la Confirmación de manos del Reverendísimo Patriarca de las Indias don Tomás Iglesias Barcones. El señor Obispo de Oviedo apadrinó al Príncipe de Asturias y la Duquesa de Alba a la Infanta Isabel. La primera Misa en el templo restaurado la celebró San Antonio María Claret, que acompañaba a la Reina, y este acontecimiento ha merecido también el honor de una lápida.

Abajo, ofrendas a la Santina en la Santa Cueva.
Doble página siguiente, vista de La Santina con la Basílica al fondo.

La Santina

Franqueamos la puerta de hierro de la Santa Cueva, que en su friso ostenta a uno y otro lado estas leyendas:

AVE MARIA GRATIA PLENA DOMINUS TECUM BENEDICTA TU IN MULIERIBUS Y SANCTA MARIA DE COBADONGA ORA PRO NOBIS.

Destaca en el recinto la imagen de la Virgen que el pueblo denomina cariñosamente La Santina. Su rostro es apacible y gracioso. Está erguida sobre un pedestal de piedra. Es como «el precioso olivo de los campos» que a todos ofrece fruto y sombra. Está en alto para ser vista por todos: desde los montes, desde el camino, desde el poblado. Suele vestir de seda y oro, pero es su talante de Madre más que de Reina. La imagen tiene mudado el rostro, pero la escultura pertenece al siglo XVI. No es una obra de arte singular; pero está cargada de historia. Es tradición que fue donada por el Cabildo de Oviedo al de Covadonga para sustituir a la que pereció en el incendio de 1777. Tampoco parece que fuera muy antigua la imagen desaparecida. Ambrosio de Morales (s. XVI) dice en su Viaje Santo: «En el altar está una imagen de Nuestra Señora, es obra nueva, bien hecha. Con esta Santa Imagen se tiene gran devoción en esta tierra, y se hacen a ella grandes Romerías y hay grande concurso el día de Nuestra Señora de Septiembre, y por ella se llama el Monasterio Santa María de Covadonga».

Luis Menéndez Pidal, aceptando el testimonio de Joseph A. de la Bandera Reyero, dice: «Por descripción minuciosa del lugar en el año 1743 parece que en el antiguo templo del Milagro existían dos imágenes de la Virgen; una regalada, según tradición, por la Santa Iglesia de Oviedo, a cambio de la Cruz de la Victoria, que hoy está en la Cámara Santa de la Catedral ovetense, y la otra, la primitiva, llamada desde siempre María Santísima de las Batallas. La primera era de talla, sin vestido de tela, y estaba en un altar inferior al Santuario, donde se decía Misa cuando el concurso de las gentes no cabía en la capilla donde estaba la primitiva imagen. Esta era la que recibía los cultos, y la de los milagros también era de talla, pero se hallaba vestida de ricas telas, siendo la original y verdadera imagen de Covadonga, que, colocada en el altar mayor del Santuario, recibía el culto de los fieles desde tiempo inmemorial». Cuando se creyó perdida definitivamente la actual imagen, secuestrada durante la guerra, hubo gestiones para sustituirla con una imagen de madera policromada, del siglo XI o XII, que se venera con el título de Covadonga en la iglesia de Cillaperlata (Burgos), y es copia -según parece- de la primitiva románica del Santuario. El Cabildo ofrecía una réplica perfecta y otra compensación a Cillaperlata. Aún ahora la idea sigue siendo feliz. Hay lugar adecuado en la Cueva para las dos imágenes.

La venerada imagen de LA SANTINA sufrió una invasión de carcoma y termitas. Durante seis meses del año 1971 Bellas Artes de Madrid le estuvo aplicando un tratamiento de conservación e inmunización que salvó el grave peligro de la imagen y abrió un nuevo capítulo de su historia. Por sugerencia de Bellas Artes la imagen se presentó durante algún tiempo al culto con su manto, pero sin vestido de tela ni rostrillo. Esto originó una gran polémica entre los que preferían la forma primitiva y entendían que los vestidos eran una sofisticación y los que deseaban la forma antigua que vieron los antepasados porque suponen que los vestidos dan a la imagen su auténtico sentido tradicional. En la actualidad la imagen se presenta al culto con manto y vestido.

En París

La imagen de la Santina fue llevada a París en 1939. No fue objeto de sacrilegio alguno. Estuvo en Francia en calidad de rehén para ser canjeada, dado el caso, por algún alto jefe político o militar. Terminada la guerra civil, se hizo cargo de la Embajada española en París el doctor Pedro Abadal, quien describe de esta forma el hallazgo de la imagen: «Practiqué por todo el edificio un detenido reconocimiento y encontré muchas cosas: cuadros, armas, municiones y un auto blindado a prueba de balas *dundum* que pesaría tres toneladas y era empleado por el Embajador marxista. Subí luego al desván y encontré allí una imagen de la Virgen, de unos 50 centímetros de altura y el Niño en los brazos. Era de madera policromada en su parte anterior y los brazos del Niño desmontables. La verdad es que no la identifiqué. Pero, avisado el portero de la finca, éste me aseguró, sin dudar un momento, que se trataba de la Virgen de Covadonga». Sigue describiendo las circunstancias por las que pasó hasta llegar con la imagen a la iglesia de la Misión Española de París, 51 bis, rue de la Pompe. El Reverendo Padre Miguel Cisteró, Superior de la Misión en 1964 ha extendido un documento, firmado y sellado, en que *CERTIFICA:* «que el sábado día 8 de abril de 1939, a las 6.20 de la tarde, el Reverendo Padre Joaquín Aller, CMF., Superior de la Misión, recibió solemnemente en la puerta de la iglesia de manos del Dr. Abadal, quien a su vez la traía en coche cerrado desde la Embajada de España en París, donde había sido encontrada, la estatua de la Stma. Virgen de Covadonga –que la venerada imagen fue acogida solemnemente por la comunidad en pleno y en hábito de coro, ante una muchedumbre abigarrada de fieles que llenaban la iglesia de la Misión–; y que, colocada en el altar mayor de la iglesia, recibió culto solemne y continuado

Coronada de reina, con capa, manto y rostrillo, la Santina es una talla policromada del siglo XVI.

Arriba, devotos de la Santina cumplen su promesa subiendo de rodillas los 101 escalones hasta la Cueva.

Abajo, entrada desde la escalinata.

de fieles, especialmente de la colonia española, hasta el día diez de junio, fecha de su traslado a España por Irún, adonde la acompañó el Rvdo. P. Ignacio Turrillas de esta comunidad, y donde fue clamorosamente recibida el domingo día 11 de junio de 1939, por una muchedumbre inmensa de fieles, presidida por su Excia. la esposa del Generalísimo Franco».

F. Franco comunicó la buena nueva del hallazgo de la imagen a los señores Obispos y Gobernador de Asturias. La noticia produjo mucho entusiasmo. Inmediatamente se trató de formar juntas y comisiones que dieran cauce al alborozo popular. Todos los organismos provinciales aunaron sus esfuerzos para que el recibimiento tuviera el máximo esplendor. Se comisionó al general Jordana para tramitar y programar el traslado de la imagen. Asturias vivía con regocijo ante el acontecimiento.

Retorno y reintronización

El día 11 de junio de 1939 entraba en España la imagen de la Santina. La ciudad de Irún se disponía a recibirla con una extrema exaltación de religiosidad y patriotismo: las calles estaban engalanadas con banderas y gallardetes, guirnaldas, arcos y alfombras de flores. Volteaban las campanas, tronaban los cañones, tocaban las bandas el himno nacional cuando hizo su entrada en la plaza del General Mola de la ciudad la imagen de la Santina. La enorme muchedumbre la recibió de rodillas y con una ovación inenarrable. Allí estaban presentes el Nuncio de SS., el Obispo de Oviedo y Jerarquías de Asturias, la esposa de F. Franco, representaciones del Ejército, del Cuerpo Consular, Diputación de Guipúzcoa y otras.

El mismo entusiasmo suscitó la Imagen en San Sebastián -donde pernoctó- Loyola, Mondragón, Vitoria, Valladolid y León, donde tuvo un recibimiento apoteósico a la una de la mañana del día 13. A las cinco de la tarde de este día tocaba la Santina en Valgrande (Pajares), tierra de Asturias. El entusiasmo del recibimiento fue indescriptible. Las lágrimas y el desbordamiento de alegría impidieron largo rato las ovaciones. Desde Irún hasta su Santuario escoltaron la imagen requetés del Tercio de Nuestra Señora de Covadonga y carabineros, de cuyo Cuerpo era Patrona. Llegó a Valgrande en una carroza; pero desde aquí iría a hombros de asturianos recorriendo las principales poblaciones del Principado. Tanta importancia tuvo este acontecimiento que el M. I. Sr. D. Arturo Álvarez le dedicó un voluminoso libro; y 85 páginas la benemérita obra *La batalla de Covadonga e Historia del Santuario,* de don Luciano López G. Jove.

Nueve días del recorrido dedicó a Oviedo; y a su Catedral acudían cada día peregrinaciones de toda la geografía asturiana y recibía votos y ofrendas del Cabildo, Universidad, Ejército, milicias, abogados y otras muchas organizaciones. Cuatro días de homenajes fueron reservados a Gijón. Después de una marcha de 24 días llegaba a su Santuario, donde un plebiscito entusiasmado la reentronizaría.

Presidía la muchedumbre F. Franco y esposa. La imagen era portada por los más célebres generales de aquel tiempo y por jerarquías nacionales. Cientos de pebeteros quemaban incienso sobre las almenas.

Eran aquellos tiempos de exaltado patriotismo. Pero también había escrito Leopoldo Alas, *Clarín,* que: «Covadonga, quiéralo o no el racionalista negativo, tiene que representar dos grandes cosas: un gran patriotismo, el español, y una gran fe, la católica de los españoles que por su fe y su patria lucharon en Covadonga».

Origen y desarrollo del culto

No es fácil determinar cuándo ni cómo penetró el cristianismo en Asturias. Los primeros testimonios parecen ser las lápidas de *Dovidena*, del niño *Norenus* y de la joven *Magnentia* en los lugares, próximos a Covadonga, de Coraín y Soto de Cangas. Se habla también de soldados cristianos en la romana Legio IV Macedónica. Lo cierto es que en el siglo VIII el cristianismo estaba ya fuertemente arraigado en esta región.

Las antiguas crónicas hablan del altar de Nuestra Señora en la Santa Cueva durante la batalla de Covadonga, y la tradición asegura que no fue Pelayo quien introdujo el culto, sino que se encomendó a la imagen que allí se veneraba tallada en arte elemental o traída del Monsacro, donde se refugiaron tantas reliquias y tesoros cristianos que huyeron de la invasión musulmana. Se atribuye al rey Alfonso I el primer culto organizado de la Santa Cueva. La tradición habla también de una intervención de Alfonso II el Casto en la construcción del llamado Templo del

Acceso a la Cueva desde la explanada superior.

Milagro, aunque lo que vio Morales en el siglo XVI no tenía signo de tanta antigüedad, por lo que humorísticamente apostilla: «Dios más que esto pudo hacer; mas yo veo manifiestas señales en todo de obra nueva y no del tiempo de aquel Rey». Graciosa ironía que vale también para los que defendieron a capa y espada la intervención de los ángeles en la construcción de aquel audaz artificio de madera.

El Santuario posee copias de cuanto el Archivo de Simancas guarda, relacionado con Covadonga. Conocemos por ello los privilegios y regalos que le otorgaron los monarcas, siempre tan vinculados a este Real Sitio. Fernando III el Santo y Alfonso X el Sabio ensancharon las propiedades del Santuario. Felipe II lo enriqueció con muy valiosos objetos para el culto: Felipe III concedió privilegios al Abad; Felipe IV sustituyó la comunidad de canónigos regulares de San Agustín por los seculares de una Colegiata, regaló una custodia con brillantes, rubíes y esmeraldas y acrecentó en dos el número de canonjías; Felipe V creó las plazas de organista, chantre, sacristán y campanero; Felipe VI, la canonjía de Magistral. El Cabildo se componía entonces de un abad, magistral, doctoral, ocho canónigos, dos beneficiados, sochantre, vicesochantre, organista, maestro de ceremonias y un capellán. Carlos III fue el propulsor del gran Santuario. Los reyes estimaron apasionadamente a Covadonga; pero fue Isabel II la primera entre los monarcas que visitó el Santuario. Hasta finales del siglo XIX el culto fue muy pobre; a Covadonga llegaba algún que otro peregrino en el verano y en cantidades masivas durante la novena y fiesta de la Virgen del 8 de septiembre. El Santuario tenía malas comunicaciones y no era camino para parte alguna. Los Canónigos no residían en el sacro recinto y venían por turno a celebrar Misa. El Santuario se hizo importante cuando los Prelados Sanz y Forés y Martínez Vigil edificaron la Basílica y construyeron en la explanada alta.

La Santa Cueva

La situación del altar y de la imagen tienen ahora un lugar adecuado para que los cultos puedan ser vistos desde la explanada inferior y no resten espacio a los fieles de la Santa Cueva. La imagen, que forma unidad con la peana de tres querubines, se apoya en un sencillo cubo de madera dorada que, a su vez, descansa en la robusta y cuadrada pilastra levemente adornada con estrías en sus laterales y con la letanía de la Virgen en la parte superior y en letras de oro. El altar es de piedra y de mucha sobriedad y buen gusto. Lleva un antipendio de bronce que representa, idealizada, la batalla de Covadonga. Están dorados los relieves que representan lo celeste; plateados los cristianos y en cobre y al modo rupestre los muslimes. En la parte superior y en marco ovalado la imagen de la Virgen, de aire románico, y abajo, en un valiente escorzo, la gigante figura de Pelayo. Tiene como lema una leyenda que dice (en castellano): *Levántate, Señor, y ayuda a tu causa*. Para suavizar el contraste con la roca de una imagen vestida de seda y oro se ha colocado una exedra o cerramiento semicircular que recuerda por su arquitectura el prerrománico asturiano de Valdediós, Santa María del Naranco, Santa Cristina de Lena... y por su orfebrería, el arte visigótico. Está realizada en ambiente moderno para evitar equívocos de réplicas o dobles falsos. En su franja ancha están representados en alto relieve los Reyes Caudillos de Asturias que realizaron empresas guerreras: Pelayo, Alfonso I el Católico, Fruela, Alfonso II el Casto, Ramiro I, Ordoño I y Alfonso III el Magno. Están en círculo de respeto a la Santísima Virgen (faltan los llamados reyes «holgazanes»: Aurelio, Silo, Mauregato y Bermudo el Diácono). Las lámparas que penden del techo son réplicas de las coronas votivas del rey Chindasvinto, del tesoro de Guarrazar. Antipendio, exedra y lámparas tienen por autor a Juan García, discípulo de Granda. El antipendio fue seleccionado para la II Bienal de Arte de Barcelona.

Merece nuestra atención un facistol de piedra labrada, otro de bronce dorado de la artesanía toledana –ofrenda de Avilés–, la cátedra de piedra del Prelado, que sostienen dos osos muy graciosos del escultor Zaragoza y la baranda de hierro que, deprimida en el centro, forma el balcón de las bendiciones.

La Santa Cueva está en su estado natural. Solamente en el suelo se han introducido algunas modificaciones que estimamos muy felices y duraderas. A uno y otro lado de la imagen, dos grandes candelabros ofrecen una luz perpetua en enormes cirios que arden perennemente representando la fe y el amor de los asturianos en su Patrona.

Los sepulcros reales y la Capilla-Sagrario

La Santa Cueva es también panteón real. En ella se conservan los restos mortales de don Pelayo y de Alfonso I, el Católico. Los restos de don Pelayo fueron trasladados desde la iglesia de Abamia –según parece– en tiempos del rey Alfonso X el Sabio «De quinientos años a esta parte», *dice Ambrosio de Morales en su Crónica.* «En la última reedificación de esta iglesia de Abamia debieron construirse estos sepulcros como conmemoración de haber estado allí enterrados Pelayo y su mujer, cuyos restos fueron trasladados en época incierta a la Cueva de Covadonga», afirma el Conde de la Vega del Sella. La época incierta la supone en el siglo XII el arqueólogo Somoza, es decir, cuando se reconstruyó la Iglesia de Abamia. El sepulcro de Pelayo ocupa en la Santa Cueva una covacha natural que recibe luz del exterior a través de un arco de medio punto que tuvo variaciones en épocas sucesivas. No parece muy antiguo el lucillo; y pertenece al siglo XVII esta inscripción que ostenta: aqui yaze el señor rey don pelaio / ellecto el año de 716 que en / esta milagrosa cueba come / nzo la restauracion de espa / ña benzidos los moros; fallecio / año 737 y le acopaña ss muger y ermana.

Arriba, sepulcro real en la Santa Cueva.
Abajo, ara de la Santa Cueva.

Más al centro, en una depresión natural de la roca, se halla el sepulcro de Alfonso I el Católico. La leyenda sobre el lucillo -tampoco muy antigua- dice: qui yaze el catoli / co y santo rei don / alonso el primero / i su muger doña ermeni / sinda ermana de don / favila a quien suzedio. / gano este rei muchas vi / torias á los moros. fallecio / en cangas ano de 757.

No todos creen que la Capillita-Sagrario simpatice con la roca. Pero la Real Academia de Bellas Artes creyó que era conveniente, después de un concienzudo examen histórico-arqueológico. El culto tendría sin ella serias dificultades. Menéndez Pidal ha logrado sustituir la edificada por Frasinelli, destrozada en 1936, por una bella construcción de aspecto románico popular. Es atrevida y vuela también un poco sobre el abismo para recordar el *Templo del Milagro*. El artesonado de madera, policromada en fondo de oro con viñetas de códices antiguos por el valenciano Juan García Talens, es obra muy meritoria. También la artesanía toledana tiene parte en el enrejado laberíntico de las ventanas. El altar es de estilo barroco y su baldaquino, mudable para que ofrezca abrigo a la Santina en días de temporal muy violento. La capilla tiene por frente la roca natural y la imagen de la Virgen simpatiza agradablemente en ese trono eventual. En los muros laterales hay dos escudos tallados en piedra y dorados: El del Obispo Dr. Arriba de Castro -fundador de un tipo de Escolanía-Seminario y del Voto de Covadonga por el que cada año y en nombre de Asturias hace voto y ofrenda a la Santina en el día de su Fiesta uno de los Municipios del Principado- y el del Dr. Lauzurica, en cuyo pontificado vivió Covadonga la época de mayor esplendor con la fundación de un Seminario Menor, la Casa de Ejercicios y la actual Escolanía que colabora en el culto y da extraordinaria vida al Santuario.

La antigua Colegiata y Casa de Ejercicios

Partiendo de la Santa Cueva podemos llegar al poblado superior del Santuario por el interior de un túnel construido para comunicar estos dos puntos cardinales de Covadonga. Para evitar la monotonía y fealdad de una mera construcción funcional o ingenieril, Menéndez Pidal la enseñoreó con aplicaciones muy felices, dividiéndolo en tramos con arcos diversos e iluminándolo con lámparas románicas de la artesanía toledana que le proporcionan una luz indirecta, al respeto de su naturaleza. En primer término, sobre las dovelas de un arco abocinado y majestuoso, vemos tres escudos de madera policromada con ornatos barrocos. El superior y central es el de España, en el que se ha intercalado la Cruz de la Victoria

Arriba, Casa de Ejercicios de Covadonga.
Abajo, Colegiata de San Fernando.

que armoniza graciosamente los diversos cuarteles. A su derecha el de Asturias: Cruz de la Victoria sobre fondo azul; y a la izquierda el de la ciudad de Cangas de Onís: Cruz de roble sobre la media luna y un puente románico. Llegando por la parte contraria, junto al tragaluz ornado con un calvario de piedra, encontraríamos de frente unas grandes puertas de factura arcaica bajo un arco de múltiple arquivolta y en el tímpano un escudo en piedra dorada al estilo de la época de Carlos III. Por el mismo tragaluz podemos comunicarnos con la antigua Colegiata.

Aquí estuvo la primera edificación del Santuario. El P. Yepes, en su *Crónica de San Benito* dice que fue benedictina la primera comunidad que organizó el culto en Covadonga. Los sepulcros de Abades del siglo XI, la torre cúbica y ciertos vestigios arquitectónicos demuestran que el edificio actual está construido sobre otro anterior, románico. Reconstruido a finales del siglo XVI por el obispo ovetense Diego Aponte de Quiñones, es en el presente un monumento nacional. En el año 1868 sufrió el impacto de una roca desprendida del monte Auseva que aplastó la iglesia dedicada a San Fernando. El Obispo Sanz y Forés –de indeleble memoria– logró techar esta iglesia. Menéndez Pidal restauró después perfectamente tanto la iglesia como el resto de la Colegiata. Edificó, asimismo, otro pabellón gemelo para que, en unión con la Colegiata, formara un bello conjunto de Casa de Ejercicios Espirituales. La institución a que ha dado origen ha sido sumamente beneficiosa para el Santuario y para la Iglesia. La ornamentación del edificio demuestra un recto criterio dentro de su ambiente de austeridad.

La Campanona

Es el pueblo quien le ha puesto este nombre con desinencia asturiana. Proclama un alarde de la naciente industria metalúrgica asturiana; de la Duro Felguera. Pesa 4.000 kilos y mide tres metros de altura. Obtuvo el primer premio y Medalla de Honor en la Exposición Universal de París en 1900, con motivo de la inauguración de la Torre Eiffel. Su principal mérito consiste en los relieves de Xaverio Sortini, quien, por italiano, quiso plasmar en ella el poema de su patria: *La Divina Comedia* de Dante con escenas del juicio final, por un lado al modo cristiano y al opuesto el pagano descrito por Virgilio en la Eneida. Entre los relieves destacan también un rosario de diez misterios, medallones con la efigie –idealizada– de Papas, escenas de las Cruzadas de los Santos Lugares en la parte inferior, y, en el borde, los altorrelieves del Señor, de la Virgen, de San Pedro y San Pablo. Fue donada por el Conde de Sizzo Noris y por don Luis González Herrero.

La Campanona, obra de Xaverio Sortini, mide 3 metros de altura y pesa 4000 kilos.

La urbanización del Santuario

Hacia los años setenta del siglo XX se inició la última etapa de obras importantes en el Santuario. Fueron exigencia de las normas de vida del momento. Se derribaron las antiguas viviendas de canónigos de la explanada alta, que ocupaban un espacio desmesurado, y en los patios posteriores e inservibles de las mismas se edificaron las nuevas, dejando así un amplio espacio que ha dado lugar a estacionamientos de coches a uno y otro lado y a dos pistas -entrada y salida- divididas por una alfombra de piedra como eje procesional. Las antiguas viviendas correspondían a muy diversos volúmenes y estilos. Las modernas edificaciones han tomado por módulo y norma el estilo implantado en el Hostal Favila, perfectamente entonado, por el arquitecto don Miguel Ángel García Lomas. Este edificio y la Basílica sirvieron de puntos base para un trazado armónico. Consecuentemente las nuevas obras tienen idéntico estilo, proporciones adecuadas y una bella armonía. En este conjunto se establecieron, además de las mansiones capitulares y viviendas, servicio de correos, un patio refugio para peregrinos, lavabos, tiendas, Casa del abad y la Casa capitular, que comprende biblioteca, sala de estar, la sala de conferencias y el salón de recepciones, que está decorado por Paulino Vicente.

Los importantes vaciados y movimientos de tierras dieron origen a una gran plaza frente al antiguo Hostal Favila (hoy sede de la Escolanía y del Museo de Covadonga) y a otra mayor frente a la Basílica. La primera está cerrada por una torre-homenaje (antiguo cuartel de la Guardia Civil) y de la denominada casa del jardinero; tiene además comunicación por escaleras de piedra con el mirador de la *Campanona* y con el bar-merendero El Hórreo.

En la plaza de la Basílica, muy original y estética, destaca el monumento a don Pelayo. La estatua de bronce -muy noble y artística- es obra de Gerardo Zaragoza. Su actitud corresponde al lema y leyenda que sobre una franja también de bronce ostenta el gigante pedestal: *Nuestra esperanza está en Cristo y este pequeño monte será la salvación de España (Crónica de Alfonso III).* La plataforma vuela sobre el abismo en su mayor parte y está protegida por una baranda de hierro.

Las nuevas obras dieron también origen a zonas amplias para jardines de distintos tipos, que se cuidan esmeradamente con la gratitud y el encomio de los visitantes.

Explanada superior frente a la basílica.

La Basílica

Construida de piedra rosada y marmórea; situada al borde de un abismo semicircular; visible desde todas partes y a gran distancia, pulcramente erguida y bellamente ornada, ha sido desde su nacimiento tema de muy noble literatura y obras pictóricas. Su construcción fue para el Santuario no solamente un gran acontecimiento, sino también el principio de una nueva era de engrandecimiento.

La idea surgió cuando visitó el Santuario por vez primera el Prelado D. Benito Sanz y Forés, apenas incorporado a su diócesis de Oviedo. Fue tan triste la impresión que le produjo que expresó su pena en estos términos: «Os confesamos que sentimos honda pena, y, con el corazón oprimido, exclamamos una y otra vez: Esto es Covadonga. ¡A esto ha quedado reducida la cuna de la restauración de España! Esto es lo que recuerda los grandes beneficios de la Madre de Dios a los hijos de su nación querida y los gloriosos triunfos de aquellos héroes de nuestra historia! Las lágrimas asomaron a nuestros ojos y sentimos nacer en el corazón deseo ardiente de reparar las ruinas de la casa de Dios y de María y de levantar un monumento digno de Covadonga».

Por aquel entonces se había afincado en Corao –lugar próximo a Covadonga– el alemán Roberto Frasinelli. A este genial artista le fueron encomendados los planos de la Basílica. Para preparar la superficie había que truncar la cúspide del monte Cueto. Su Majestad el Rey Alfonso XII dio comienzo a la obra, encendiendo la mecha del primer barreno, el día 22 de julio de 1877. El 11 de noviembre de 1877 Sanz y Forés bendecía y colocaba la primera piedra. Cuando apenas había sido edificada la cripta, fue elevado a la Archidiócesis de Valladolid. Pero otro Prelado, el dominico Fray Ramón Martínez Vigil, continuaría las obras con el mismo entusiasmo y lograría bendecir e inaugurar la Basílica en el año 1901. En el pórtico están colocados los bustos de estos dos beneméritos Prelados, originales de Mariano Benlliure.

Los planos de Frassinelli fueron modificados por el arquitecto don Federico Aparici, quien respetó el proyecto original de Frasinelli exceptuando las dos torres que habían sido diseñadas en la parte trasera. Menéndez Pidal habría deseado que se hubiera seguido en todo el proyecto de Frasinelli. Aparici ejecutó las obras en el pontificado de Martínez Vigil; y tal vez recargó el templo con demasiadas florituras. No obstante, el templo de estilo neorrománico es muy hermoso, particularmente por la elegancia de sus tres ábsides y la armonía interior. El Marqués de Lozoya dice que es uno de los mejores templos construidos en Europa en esta época.

La basílica, desde la Cruz de Priena.

Doble página siguiente, el Real Sitio de Covadonga con los Picos de Europa al fondo.

En el interior de la Basílica figuran como obras singulares de arte: un cuadro de Madrazo que representa la proclamación del Rey Pelayo; otro de Vicente Carducho con el tema de la Anunciación; una imagen -bellísima- de la Virgen, de Juan Samsó; el Sagrario, de Pedro Álvarez; la cruz de la Victoria, obra de Miranda; una escultura de San Pedro Poveda y el órgano fabricado en 2001 por el taller de organería Acitores.

El Museo

Desde su apertura se situó frente a la basílica, en el edificio donde hoy se encuentra la sala capitular y el salón de recepciones, y en cuya fachada figura un escudo de Covadonga de grandes dimensiones, original de Gerardo Zaragoza. Este escudo, como otros similares del Santuario, está formado por dos cuerpos: el primero corresponde al de España, y el segundo, privativo del lugar, está compuesto por la cruz de roble de Pelayo, el anagrama de la Virgen sobre la media luna invertida y un fondo azul con doce estrellas doradas.

En el año 2001, conmemorando el primer centenario de la basílica, el museo se instaló en la planta baja del ala izquierda del edificio de la Escolanía, antiguo Hostal Favila. Un edificio diseñado en 1920 por los arquitectos Miguel García-Lomas y Urbano de Manchobas, e inaugurado en 1931 como alojamiento para los peregrinos y visitantes de clase media que visitaban el santuario. La apertura en esa nueva ubicación tuvo su estreno con la exposición «Covadonga, iconografía de una Devoción». Una vez finalizada, el museo acogió de forma permanente gran parte de las piezas de la que estaba compuesta más los contenidos del denominado Tesoro de la Virgen.

Gracias al cariño que el pueblo ha manifestado a lo largo de los siglos hacia Covadonga, y muy especialmente hacia su Santina, a su densa historia y a la recopilación de elementos iconográficos, se ha ido formando una colección de piezas que constituye el hoy denominado Museo de Covadonga. Son símbolo del arte y de la cultura que en años anteriores habían contribuido a difundir los orígenes de este Santuario.

Arriba a la izquierda, la basílica consta de tres naves rematadas en triple ábside.
Arriba a la derecha, fachada del Museo de Covadonga.
Abajo, retratos de Sanz y Forés y Martínez Vigil, obra de Mariano Benlliure.
Doble página siguiente, dos imágenes del interior del templo y la cripta de la Basílica de Covadonga.

Estructurado en apartados perfectamente diferenciados, el visitante podrá conocer a través de pinturas, grabados, fotografías, tallas religiosas, piezas de orfebrería, ofrendas y otros objetos el devenir y la identidad de Covadonga como un espejo en el que se refleja la historia de Asturias y donde se manifiestan especialmente la fe religiosa y la creación cultural.

Digna de especial atención es la colección pictórica perteneciente a la Serie cronológica de los reyes de España, depositada en Covadonga por el Museo Nacional del Prado desde 1884 y que hoy puede verse en el interior del museo. También lo es la preciosa custodia en forma de Cruz de la Victoria con profusión de brillantes, donación de la marquesa del Real Transporte; el pectoral y anillo pastoral de amatistas donados por el obispo fray Ramón Martínez Vigil; un Cristo de marfil del siglo XVII; algunos mantos de la Virgen y una gran multitud de objetos varios de muy diversa índole y calidad.

Pero es, sin lugar a duda, la corona de la Virgen y del Niño Jesús, obra del sacerdote y orfebre asturiano Félix Granda Buylla (fundador de los Talleres de Arte Granda), la pieza más emblemática de las que integran la colección permanente del Museo de Covadonga, no solo por su valor material, sino por el sentimental nexo de unión que simboliza entre el pueblo y la Santina.

El museo, además de contribuir a la difusión de la historia y de la fe, favorece el sostenimiento de obras de tipo pastoral y social, como el mantenimiento de la Escolanía de Covadonga, un colegio en el que los niños reciben una formación humana y musical.

La Música de Covadonga

Merece el tema un capítulo, no sólo por el gran campo que abarca, sino también por factores que determinan una alta calidad. El tema de Covadonga tiene muy frecuente expresión en la canción popular de la mina, del mar, de los enamorados y hasta de la Navidad, porque a nada se asemeja más Covadonga que a un Belén y bien puede decirse que es el *Belén de España*. Entre las canciones populares hay dos que están con preferencia en boca de los asturianos:

La Virgen de Covadonga
ye pequeñina y galana
y aunque baxara del cielo
no hay pintor que la pintara.

Esta canción constituye el tema del segundo tiempo del *Capricho Español* de Rimsky-Korsakov. La ha copiado también el carillón de Cangas de Onís. Otra, no menos importante, corresponde a esta letra: *Santa María -en el cielo hay una estrella- que a los asturianos guía.* El carillón del reloj principal de la ciudad de Oviedo la repite a cada hora.

En esta canción se inspiraron las tres composiciones que se presentaron al concurso para arbitrar un Himno Oficial, con motivo de la coronación canónica de la Virgen de Covadonga en el año 1918. Precisamente los tres opositores han sido los más famosos y competentes del primer tercio del siglo XX, época en la que se dio en España una música religiosa de extraordinaria calidad: Juan Ignacio Busca de Sagastizábal, Nemesio Otaño y José Mª. Beovide. La partitura premiada, con letra del Padre Restituto del Valle, fue la de Busca de Sagastizábal. (Ambos autores habían sido premiados en el Himno Eucarístico del Congreso Internacional de Madrid: *Cantemos al Amor de los Amores).* El de Beovide se convirtió en himno Misional.

El himno del padre Otaño, figura prócer y clásica de la música religiosa de este siglo, merece especial atención por tratarse de una singularísima obra de arte. Solamente la enorme capacidad y técnica depuradísima de Otaño, que fue director del Conservatorio Nacional, pudieron vencer la audacia y el riesgo que supone montar un himno religioso sobre temas del himno nacional. Los eruditos sienten que no haya sido éste el himno oficial; pero su complicada técnica hace difícil su interpretación por parte del pueblo; y el acompañamiento de órgano requiere

Virgen entronizada.

un virtuoso. El de Busca es fácil, el pueblo lo ha captado bien y tiene excelente calidad. Ambos han sido grabados en disco. La Escolanía interpreta algunas veces el Himno de Otaño. En las grandes solemnidades se interpretan las estrofas polifónicas y magistrales de Busca y las emocionantes y grandiosas de Otaño.

Sobre el tema de esta misma canción compuso también el autor de estas líneas las Invocaciones que tienen por letra la típica jaculatoria original de San Pedro Poveda: *Madre mía de Covadonga, sálvame y salva a España*, en tres corales a 3.v.b. que interpreta diariamente la Escolanía en el Santuario desde 1951.

Página izquierda, relicario y muestra de los distintos mantos de la Santina.
Abajo a la izquierda, Las Coronas de la Virgen (arriba) y del Niño (abajo), obras del orfebre asturiano Félix Granda Buylla.
Abajo a la derecha, Salón de Recepciones.

Los Picos de Europa,
entorno sin igual

El Parque Nacional de los Picos de Europa tiene un área de 646,6 kilómetros cuadrados aproximadamente y su altura oscila entre los 2.596 de la cresta más alta, en Peña Santa de Castilla y los 140 metros de las vegas bajas. Está enmarcado dentro de los Municipios asturianos de Cangas de Onís, Onís, Cabrales, Amieva y los leoneses de Oseja de Sajambre y Posada de Valdeón. Comprende un sector principal de los Picos de Europa en las provincias de Asturias y León y es una gigantesca mole de caliza que fascina por su hermosura y anonada por su grandeza, es un desfiladero –Beyos– que *es mucho más escarpado que los demás de Europa* que no son más que *una pequeña imagen de su colosal entalladura,* según Paul Labrouche en el *Bulletín Pirenéen;* y el desfiladero del *divino Cares* de aguas verdes y *peñas las más bonitas de España* según Víctor de la Serna; y el valle de Valdeón de inenarrable belleza, y los lagos de ensueño y de leyendas...

Con la triple reserva de *no cortar, no cazar y no deformar,* equivalente a dejar la naturaleza en su estado virgen, los Estados Unidos de América se anticiparon a declarar Parques Nacionales a determinados paisajes de extraordinaria hermosura.

Don Pedro Pidal, adelantado adalid de esta causa en España, ilumina el concepto de Parque Nacional con estas frases: «Lo que el Estado declara excelso, extraordinario, paradisíaco, hermoso, reservado, protegido... es en realidad lo que mayores garantías ofrece de serlo, lo que más llama la atención, lo que más se admira y se visita».

Mas no solamente es lo estético y el recreo de los sentidos lo que motiva la creación de Parques Nacionales. El mismo Pedro Pidal escribía a principios de siglo: «Los que viven en el campo todo el año, y en un campo hermoso, no se dan cuenta de las ansias, de los deseos, de la necesidad que tienen los que viven una vida artificial

El Parque Nacional de Covadonga: «extraordinario, paradisíaco, hermoso, reservado, protegido...» (Pedro Pidal).

El paisaje del Parque Nacional de Picos de Europa y alrededores de Covadonga.
Abajo, casona y hórreo en La Riera.

Macizo del Cornión, en Picos de Europa.

en las ciudades, de respirar el aire puro de los montes, de contemplar y gozar la naturaleza virgen en todo su esplendor. Tendríamos que elevar a la enésima potencia estos conceptos en este último tercio del siglo, atiborrado de chimeneas humeantes de gases y millones de motores polucionando la atmósfera».

José Ramón Lueje, que dedicó su vida a la exploración de estos parajes, dice magistralmente: «A lo largo y ancho de los lindes de los Picos de Europa, se acotan las mejores hermosuras que puede dar la más pródiga y fecunda naturaleza. Ríos virginales, ríos espumosos y rugientes, ríos color esmeralda. Manantiales crudos, frígidos, de aguas de hielos, lagos límpidos, cristalinos; y cembas y ventisqueros de nieves perpetuas. Abismos insondables, canes vertiginosos, y las entalladuras de aserradas gargantas y fantásticas foces. Majadas lientas, placenteras; praderas inmarcesibles pobladas de rebaños; y vallinas esmaltadas de verdes rigurosos y cegadores. Hayedos umbrosos e impenetrables, donde mora el Ursus Arctos y canta su celo el urogallo. Círculos ingentes y simas de jous, concentradas de rebecos. Y en las alturas libres de la Peña, coronando las haces de aristas y cresterías, el mensaje excelso de las inmaculadas torres, que buscan y guían el cielo».

Por estas descripciones de mano maestra y largas vivencias en este paraíso placentero es fácil comprender que se trata de un lugar de excepcionales calidades que merece admiración y profundo respeto.

Los paisajes de Asturias son verticales. El noventa por ciento de su superficie es montañosa. Y su estudio será siempre de orografía de una región, que a través de cientos de millones de años, es joven, que irá lentamente modificando su estructura hasta adquirir el aspecto de quietud horizontal.

Por su carácter orográfico se ha comparado frecuentemente a Suiza; y esto hace exclamar a Pérez de Ayala: «Los asturianos dicen que Asturias es la Suiza de España. Yo, que sólo he visto a Suiza en estampas, me inhibo de este juicio, pero bien sabe Dios que Asturias me parece bella sobre toda ponderación. Cuanto la naturaleza ha creado de abrupto y salvaje, de noble y prócer, de apacible y manso, de sugestivo y misterioso, encuéntrase allí y formas quiméricas, que escalan el cielo como titanes, hienden las nubes con sus armas monolíticas y se pierden más allá del toldo gris del firmamento. Hay graves montañas azulinas, canas, con la nieve de muchos años, que cierran el horizonte, soñadoras, en lejanía. Hay valles deleitosos y virgilianos. Hay praderas de verdor perenne, tendidas entre lindes de los álamos, de robles, de nogales, entre sebes de zarzamoras, entre setos de laureles, entre bardales de madreselva. Hay ocultos regatos que runrunean decires incógnitos. Hay puras fontanas que vierten su chorro cristalino por una hoja de castaño. Hay bosques centenarios de temerosas espesuras, llenos de recogimiento religioso, de leyenda, de encantamiento. Y hay fragancia, blanda música de esquila, melancólicos cantos campesinos, temblando a todas horas en el aire».

El primer Parque legalmente constituido

Don Pedro Pidal, marqués de Villaviciosa y senador del Reino, agotó todos sus recursos oratorios para solicitar del Senado la concesión de Parque Nacional al territorio enmarcado en los aledaños de Covadonga. Por lo que significaba este Real Sitio, por la excelencia de características especiales que sitúan esta zona con calidades excepcionales, por su amor a la Patria chica y a la Patria grande y por la especial circunstancia de la proximidad del XII centenario de la Batalla de Covadonga, los senadores aplaudieron un proyecto tan feliz y el Rey Alfonso XIII firmaba el 22 de julio de 1918 la ley que constituía el Primer Parque Nacional y éste con el título de PARQUE NACIONAL DE LA MONTAÑA DE COVADONGA «Sería lástima -decía don Pedro Pidal- que habiendo partido de Asturias la Reconquista, no fuese Covadonga el primer Parque Nacional de España».

Cuando se escribe o habla de Covadonga, se entiende, generalmente, en toda su amplitud, y no limitado al poblado, sacro recinto amurallado por la naturaleza con una pétrea y augusta corona de montañas. Los lagos Enol y Ercina, la sierra antesala de los Picos de Europa, el río principal que con el Güeña alimentan al padre Sella y el Parque Nacional llevan el sobrenombre de Covadonga.

El Parque Nacional se constituía para conservar en su natural pureza tanto en encantador pasaje -único en el mundo, según Alfonso XIII- como la fauna y la flora de especies muy singulares.

La ley de Parques Nacionales (07-12-1916) en su artículo 2.º decía textualmente: Son Parques Nacionales para los efectos de esta ley aquellos sitios o parajes excepcionalmente pintorescos, forestales o agrestes, del territorio nacional que el Estado consagra declarándolos tales con el objeto exclusivo de favorecer su acceso por vías de comunicación adecuadas y de respetar y hacer que se respete la belleza natural de sus paisajes, la riqueza de su fauna y de su flora y las particularidades geológicas e hidrológicas que encierren, evitando de este modo con la mayor eficacia todo acto de destrucción, deterioro o desfiguración por la mano del hombre.

La ascensión a los Lagos

Una gran mayoría de los cientos de miles de personas que visitan anualmente Covadonga tiene la ilusión y la avidez de conocer también sus lagos. Alguien les ha dicho que la contemplación de su paisaje otorga un placer inolvidable o ya lo han experimentado anteriormente y desean volver a gozar de tan soberbio espectáculo. La niebla responde a veces con el suplicio de Tántalo; y es que, teniéndolo al alcance de la vista, después de una larga ascensión, no es posible contemplarlos, ni siquiera después de esperar con paciencia que un rompiente de luz conceda el gozo apetecido.

Se asciende porque el día ofrece una nítida atmósfera. La diafanidad es elemento indispensable. La carretera es estrecha. Todos conducen con precaución, pero sin miedo, a pesar de que no existe siempre pretil en un lado, frente al abismo. En once kilómetros hay que superar los 1.150 m desde los 263 de la explanada de la Basílica. Entre un millón y medio y dos millones de personas suben anualmente a los lagos.

Arranca la carretera al borde oriental del Auseva –junto a la Santa Cueva– y bajo un dosel frondoso que oculta el paisaje. Aparecen a ráfagas, en algún claro, La Guañaza, el Prau Antonio, el Cueto de la Nieta, los Güeyos del Reinazo a mano izquierda; y a la derecha la Nieta, la Galguera, el Restiello del Marqués. Cuando los árboles dejan ver el bosque hemos llegado al *asiento de los canónigos* y, a escasos metros, en un claro, aparecen como dos gigantes paneles la Cuesta de Ginés-Monte Priena y en lugar opuesto La Matona, el tupido y frondoso monte Auseva. Queda el paisaje en perspectiva casi siempre a mano derecha, exceptuando las praderías de Covadonga y el alto de la Huesera. A mano izquierda la carretera va pasando por La Roza, La Fábrica, Les Llanes, Prau Cordero, La Sierra Brañamera, Pared Roblu, La Llomba, La Cañavalles, Dua, Cueñe de la Gallina, La Cabeza del Elefante, Cuesta la Toxa, Los Acebos, el Mirador de la Reina; y a la derecha: el Trumbio, Prau la Llomba, Rioverde, la Camperona, la Huesera, el Humedal, el Jou de la Gallina, Cantofuerte, Teón, Humartini, Les Veleres y la Porra de Enol.

No sería recomendable una ascensión o descenso precipitado. A medida que se va ganando altura se va agigantando la grandeza y hermosura del paisaje. A pocos metros del Asiento de los Canónigos aparece una panorámica del Santuario que tiene aspecto de un Belén plástico: *el Belén de España*. Desde otros puntos el itinerario vuelve a verse –cada vez más chiquito– como envuelto y acariciado por el bosque, el Santuario. En el alto de la Huesera nos asombra la abismal depresión de La Campara y al lado contrario, el mismo efecto en el valle de la Huesera.

El Mirador de la Reina ofrece una panorámica tan espléndida que ha sido preciso perdonar la injuria que supone despojar del manto verde a una zona, para que en ella puedan estacionarse los vehículos de quienes desean gozar de un impresionante paisaje. Es un generoso Tibidabo que, en polícromo abanico y a vista de pájaro, nos ofrece un vastísimo panorama con el mar azul al fondo, visible en diafanidad de atmósfera en dos quiebras de la sierra y los poblados de Beceña, Tárano, Llenín, Gamonedo de Cangas, Labra, Arriondas, Cofiño... Bellísimos también los parajes del valle de Fana y Les Veleres.

Y, sorprendentemente, como desde una atalaya, topa nuestra vista con el Lago Enol de aguas puras y azuladas. Una mirada frontal nos impide apreciar en toda su amplitud el telón de fondo de los Picos de Europa, cuya majestad nos viene fascinando desde el último kilómetro del camino.

El lago Enol

Benito Pérez Galdós calificó a este lago de *ermitaño*; y Concha Espina de *triste y frío*. Todo ha cambiado radicalmente de cinco lustros a esta parte con la enorme proliferación de los medios mecánicos de transporte, y la afición generalizada entre los jóvenes al montañismo. El lago Enol está situado en una cuenca entre dos cordilleras, a 11 km de Covadonga y a 1.150 m sobre el nivel del mar. Es oblongo. Tiene 750 m de longitud, 415 m de anchura máxima y 25 m en su mayor profundidad. Se alimenta de sus propias fuentes y del agua que escurre por sus laderas de lluvia o deshielo.

Dice una leyenda que la Virgen –peregrina en este lugar– dejó rodar por su mejilla una lágrima y de ella nació la lúcida esmeralda del Enol.

A su lado, hacia el poniente, sobre la vega ondulada del mismo nombre, se alza el albergue y enfrente la capillita del Buen Pastor. El suelo seco y alfombrado de tupido césped da cobijo a las tiendas de campaña. Una fuente generosa presta servicios múltiples a los montañeros.

En esta vega se celebra el 25 de julio la Fiesta del Pastor denominada *La Romería cerca del cielo*. A ella asisten las autoridades del Principado de Asturias y de Cangas de Onís, gaiteros, grupos folclóricos y romeros. Después de la Misa, las competiciones de los pastores: subida a la Porra de Enol, carreras de caballos y juegos tradicionales de maña y fuerza a lo que siguen las danzas sobre el césped. Se celebra un *concejo abierto* en que los pastores discuten con el alcalde y ediles de Cangas el mejor aprovechamiento de los prados. Y... el yantar a base de *boroncho* y cordero asado *a la estaca*, bien regado con la dorada y espumosa sidra que alegra todo el día.

El lago Ercina

El lago Ercina está situado a un kilómetro del lago Enol y es semejante a este en forma y dimensiones. El lago Enol tiene cerrado frontalmente el horizonte; el Ercina lo tiene abierto al macizo central de los Picos de Europa, coronado por las gigantes crestas de las Peñas Santas de Enol y de Castilla que son como las torres de una inmensa catedral blanca, azul, rosa, gris o escarlata, según las luces de la estación, del día o de la hora. Sobre su espejo se retratan las montañas, y los patos hacen geometría con sus estelas. En la amplia vega triscan los caballos de fina estampa, retozan las cabras con piruetas circenses y dan luz al paisaje la humilde grey ovina y el bovino rubio. La égloga y lo bucólico tienen aquí su Parnaso.

Arriba, vista del Lago Enol.
Abajo, vista del Lago Ercina con nieve.

Índice

Covadonga y su entorno 3
Cascadas y torrentes 7
Lo mítico y lo místico de las fuentes 8

Covadonga y su historia 11
La ruta de la Reconquista 12
Cara y cruz de don Pelayo 15
El caudillo de la Reconquista 19
La batalla de Covadonga (I) 20
La batalla de Covadonga (II) 23
La batalla de Covadonga (III) 24
La batalla de Covadonga (IV) 25
Trascendencia de la batalla 26
Campos de «la Jura» y del «Re-Pelao» 29

Peregrinando a Covadonga 30
El templo de la nacionalidad hispánica 31
Con el peregrino Cardenal Roncalli. Papa Juan XXIII 33
Proclamación en Covadonga del príncipe de Asturias 34
Juan Pablo II en Covadonga 35
El templo del milagro 35
«Es el Pórtico la gruta del templo de nuestra historia» 37
La Santina 39
En París 42
Retorno y reintronización 45
Origen y desarrollo del culto 46
La Santa Cueva 47
Los sepulcros reales y la Capilla-Sagrario 48
La antigua Colegiata y Casa de Ejercicios 51
La Campanona 52
La urbanización del Santuario 55
La Basílica 56
El Museo 61
La Música de Covadonga 65

Los Picos de Europa, entorno sin igual 68
El primer Parque legalmente constituido 76
La ascensión a los Lagos 76
El lago Enol 78
El lago Ercina 78